COMITÉ CENTRAL

DE LA LÉGION

ALSACIENNE ET LORRAINE

de la Gironde.

BORDEAUX

IMPRIMERIE DE LA GUIENNE, RUE GOUVION, 20

1871

COMITÉ CENTRAL

DE LA LÉGION

ALSACIENNE ET LORRAINE DE LA GIRONDE.

Présidents d'honneur :

MM. LE PRÉFET DE LA GIRONDE.

LE MAIRE DE BORDEAUX.

Président :

M. SURELL, *Directeur du chemin de fer du Midi.*

Vice-Présidents :

MM. DE LACOLONGE.

LINDER.

WOLFF.

KIRSCH.

Secrétaire :

M. HENRI BALARESQUE.

Trésorier :

M. le fils de J.-J. PIGANEAU.

Membres du Comité :

MM.	MM.
ALAUZE.	CAILLABET.
BARCKHAUSEN.	CHARIOL.
BALARESQUE (CYPRIEN).	CELSIS.
BAOUR (ABEL).	DAS DE COUPET.
BAOUR (CHARLES).	LÉO DROUYN.

MM.

DUVERGIER (PAUL).
DIETZ.
Comte DU VIVIER.
ETCHENAUER Père.
ETCHENAUER Fils.
EYQUEM (ALEXANDRE).
FRANCKÉ.
GAGNE.
Docteur GUÉPIN.
GRANGENEUVE (AURÉLIEN).
HERTZOG.
HENRY aîné.
JORANT.
KUN.

MM.

LÉVILLIER.
LEVAVASSEUR.
DE LESTAPIS (EDMOND).
LÉON (ADRIEN).
LANDEAU.
NICKLÈS.
Vicomte DE PELLEPORT.
PRADELLE.
RIFFAUT.
SCHOENGRÜN (THÉODORE).
SCHOENGRÜN (EMILE).
DE THOURON (décédé).
VARLET.
WUSTENBERG (HENRY).

Commission d'organisation

INSTITUÉE PAR DÉCISION DU COMITÉ

en date du 4 octobre 1870.

MM. WOLFF.
HENRI BALARESQUE.
le fils de J.-J. PIGANEAU.
JORANT.
ADRIEN LÉON.
VARLET.

Séance générale du 31 mars 1871.

Sont présents :

MM. SURELL, *Président ;* — WOLFF, KIRSCH, *Vice-Présidents;*
— HENRI BALARESQUE, *Secrétaire ;* — le fils de
J.-J. PIGANEAU, *Trésorier.*

MM. ALAUZE, CAILLABET, DAS DE COUPET, Comte DU VIVIER,
Léo DROUYN, DIETZ, ETCHENAUER père, FRANCKÉ,
HERTZOG, JORANT, LÉVYLIER, NICKLÈS, PRADELLE,
Vicomte DE PELLEPORT, THÉODORE SCHOENGRÜN,
VARLET.

M. le Président ouvre la séance et donne la parole
à M. HENRI BALARESQUE, Secrétaire du Comité,
pour le compte-rendu général.

M. le Secrétaire s'exprime ainsi :

MESSIEURS,

En ma qualité de Secrétaire et au nom de votre
commission d'organisation, je viens vous rendre
compte de la formation, de l'existence et de la fin
de notre Légion Alsacienne et Lorraine de la
Gironde.

A l'annonce de nos premiers désastres et de
l'envahissement du sol Français par l'ennemi
Prussien, vos cœurs se sont émus, et le 26 septembre 1870, vous constituâtes à Bordeaux un
Comité central, dans le but : 1º de former un corps

de volontaires destinés à se porter en Alsace par Mulhouse, pour y opérer, soit isolément, soit en se joignant aux différents corps de francs-tireurs s'y trouvant déjà ; chercher à surprendre les convois de vivres et de munitions des armées prussiennes; fatiguer l'ennemi en le harcelant de jour et de nuit; couper ses communications en détruisant les routes et les chemins de fer; enfin, tout faire selon les circonstances, pour venir en aide à la défense de la patrie attaquée, et notamment de Strasbourg, l'un de ses boulevards, alors assiégé par l'ennemi. Il fut décidé que ce corps de volontaires prendrait la dénomination caractéristique de **Légion Alsacienne et Lorraine de la Gironde.**

2⁰ Le Comité central devait s'occuper de porter secours aux familles Alsaciennes et Lorraines ruinées par la guerre.

Des souscriptions furent ouvertes, dans les journaux et chez le trésorier de votre société; des personnes dévouées à la défense nationale firent des quêtes à domicile.

La sympathie fut unanime et bientôt la somme importante de **81,776** fr. **60** c., fut recueillie; il y fut joint des dons en nature.

Il fallait que nos volontaires eussent la qualité de belligérants. MM Barckhausen et Wolff, membres du Comité, furent chargés de faire des démarches dans ce sens, auprès du Gouvernement de la Défense nationale.

Quelques difficultés étant survenues, il fut décidé, dans la séance du 1ᵉʳ octobre, que l'honorable

M. Wolff se rendrait à Tours, au siége du Gouvernement, afin de faire déterminer la situation d'une manière nette et précise.

A la séance du 4 octobre, M. Wolff rendit compte de la mission que vous lui aviez confiée et ꞏqu'il avait accomplie avec autant de zèle que d'intelligence.

Il rapportait un autographe de M. A. Crémieux, garde des sceaux, ministre de la justice, représentant le Gouvernement de la Défense nationale, en date de Tours 3 octobre 1870, qui autorisait la formation de la Légion Alsacienne et Lorraine de la Gironde, qui approuvait la mission spéciale qui lui était conférée; qui réglait les questions de solde et de secours aux blessés.

Cette solution, aussi satisfaisante que possible, constituait définitivement la Légion et lui assignait son rang parmi les défenseurs de la France.

Pour faciliter les enrôlements et le choix des enrôlés, il fut décidé qu'une taxe supplémentaire de 50 centimes serait accordée à chaque engagé, en sus de la solde réglementaire de 1 franc allouée par le Gouvernement.

Les demandes d'enrôlements furent nombreuses et avant leur acceptation les hommes furent physiquement visités par M. Guépin, médecin de l'État-Major de la garde nationale; ils le furent moralement par M. Jorant, premier avocat général, sous l'égide de M. le procureur général, qui voulut bien lui accorder son appui pour cette délicate mission.

Que ces Messieurs reçoivent ici nos remercîments

pour le zèle et le dévouement qu'ils y ont apporté.

De cette manière et autant qu'il était possible, les compagnies ne furent composées que d'hommes d'élite , pris dans tous les rangs de la société, mais en majeure partie parmi les ouvriers sans ouvrage qui trouvaient ainsi un emploi aussi honorable que patriotique.

Indépendamment de l'éducation militaire qui se poursuivait activement, une instruction particulière fut donnée à ces hommes, par l'éminent directeur du chemin de fer du midi, M. Surell, l'un des présidents de notre Comité.

M. Surell, savant et homme pratique par excellence, avait jusqu'alors appliqué sa science à la création et à l'exploitation des chemins de fer.

Par une contradiction amenée par les circonstances critiques du moment, son aptitude fut appelée sur la destruction, et cet esprit positif, qui avait si bien créé, appliqua ses facultés à détruire son œuvre laborieuse.

Singulier effet, qui démontre à lui seul les malheurs affreux dont nous étions déjà accablés.

M. Surell fit sa remarquable instruction à l'usage des Corps-Francs et spécialement des francs-tireurs de la Légion Alsacienne et Lorraine formée à Bordeaux, qui, sous forme d'avant-propos, débute par ces mots, qui en font comprendre le but et l'utilité.

« La présente instruction a pour objet d'ensei-
« gner les diverses opérations qui doivent être
« tentées par les corps-francs, dans le but d'inter-

» cepter les convois, à l'aïde desquels l'ennemi fait
» circuler sur nos chemins de fer ses troupes, ses
» vivres et ses munitions de guerre.

» Ces opérations peuvent se résumer dans les
» six suivantes :

» 1° Déraillement.

» 2° Coupures de voie.

» 3e Coupures d'ouvrage d'art.

» 4° Coupures de télégraphe.

» 5° Destruction de trains.

» 6° Destruction de stations. »

Nous devons ajouter que les francs-tireurs de
la Légion Alsacienne et Lorraine ont été exercés,
avant leur départ de Bordeaux, à pratiquer les
principales opérations indiquées dans cette instruction, dont un exemplaire fut remis à chacun,
ainsi que des instruments spéciaux, toujours par les
soins de l'honorable M. Surell.

Dans sa séance du 6 octobre, le Comité a dési-
gné à l'unanimité de ses membres présents,
M. Francké comme capitaine commandant la première compagnie.

Les autres officiers désignés, ont été :

M. Molitor, *lieutenant ;*

MM. Stisinski, Devars-Dumaine, *sous-lieutenants;*

M. Pitre *aide-major;*

Les sous-officiers devaient être présentés par le
capitaine.

Dans sa séance du 8 octobre, le Comité a ap-
prouvé un règlement sévère et obligatoire pour
tous les hommes de la Légion.

Dans ce règlement est mentionnée la généreuse décision du Comité départemental de secours aux blessés, de comprendre nos Légionnaires dans la répartition de 25 p. %, affectée par lui aux blessés girondins et aux familles des morts durant la campagne.

L'équipement, l'armement et l'instruction des francs-tireurs, suivis avec une grande activité, tant à Bordeaux qu'au camp de St-Médard, ont permis que le 27 octobre, soit exactement un mois après la première réunion du Comité, la première compagnie des francs-tireurs Alsaciens et Lorrains de la Gironde, forte de 146 hommes, eut l'honneur d'être passée en revue par M. Folz, général de division commandant à Bordeaux, accompagné de M. le Maire de Bordeaux, de son Conseil municipal et des membres du Comité.

Des éloges publics lui ont été adressés par M. le Général de division et par M. le Maire de Bordeaux, sur sa tenue martiale ainsi que sur son bon équipement.

Dès le soir du même jour, cette première compagnie a été mise en route.

La mise en campagne de cette compagnie, y compris la somme remise au capitaine pour le supplément de solde, pour les frais imprévus et pour l'achat des chevaux ou mulets nécessaires à la cantine, s'est élevée à la somme totale de **36,897** fr. **60** c.

Pendant que l'on s'occupait de la 1re compagnie, l'instruction de la 2e se poursuivait activement.

A la séance du Comité du 3 novembre, ses officiers furent nommés comme suit :

M. Darlas, *capitaine,*

M. Vautrin, *lieutenant,*

MM. Lapeyre et Travera, *sous-lieutenants,*

M. Bellouard, *aide-major.*

Il fut procédé à l'équipement et à l'armement avec toute la célérité possible.

Le 11 novembre, M. le Général de division Folz en passait la revue et l'admettait comme belligérante.

Le 12 novembre, après une revue d'honneur dans la cour de la Mairie, passée par M. le Maire et le Corps municipal, cette seconde compagnie, forte de 156 hommes, partait pour rejoindre son aînée sur le champ de bataille.

La mise en campagne de cette 2e compagnie, y compris les avances remises au capitaine, s'est élevée à **30,207** fr. **84** c.

La différence des deux mises en campagne provient, en grande partie, de ce que des effets militaires portés au compte de la 1re compagnie ont été employés pour la 2e.

Elle provient également de ce que la 2e compagnie n'ayant pas été au camp de St-Médard, n'a pas eu à en supporter la dépense.

La 1re compagnie arriva à Besançon le 31 octobre; elle fut mise sous les ordres du général Crouzat, commandant la 1re division de la région de l'Est, sous le commandement en chef du général Michel.

Le 8 novembre, elle quittait Besançon comme éclaireurs attachés à la 1re division, sous les ordres du général de Polignac, et allait ainsi rejoindre l'armée de la Loire.

Elle assista à divers engagements, notamment le 26 novembre où après avoir soutenu une section d'artillerie à St-Loup, elle rentra le soir vers onze heures à Montbarrois, avec ordre de garder cette position jusqu'à la dernière extrémité; ce qui fut fait. A Montbarrois, 20 hommes de la 2e compagnie, sous les ordres du sous-lieutenant Lapeyre, vinrent se joindre à la 1re compagnie.

La belle conduite de nos francs-tireurs dans ces deux localités, fut rappelée à l'ordre du jour du général de division de Polignac, en date de Villargent, le 12 janvier 1871, en ces termes :

« Toujours des premiers à l'action, les francs-ti-« reurs ont noblement soutenu leur réputation, « *déjà vieille*, de Bois-Commun, *St-Loup* et *Mont-*« *barrois.* » (Voir *La Sentinelle du Jura*, du 22 janvier et l'*Union Franc-Comtoise* du 24.)

A partir du 28 novembre, les francs-tireurs Alsaciens et Lorrains de la Gironde, qui jusqu'alors avaient agi isolément sous les ordres directs du général de Polignac, furent réunis à d'autres francs-tireurs et formèrent un bataillon sous les ordres du commandant de Luppé. Ils assistèrent ce même jour à la bataille de Beaume-la-Rollande ; la 1re compagnie eut un tué et six blessés :

Duprat fut tué,

Chailloux, *sergent*, fut blessé, ainsi que :

Ménier, *clairon ;*

Roques, Brugeron, Marchand, Vallée, *soldats.*

Du 29 novembre au 5 décembre, les deux compagnies occupèrent les avant-postes de Nibelle, Chambon et Nancrey.

Le 4 décembre, elles eurent l'honneur de protéger la retraite des 18e et 20e corps, sous Chargeau, en défendant à outrance, à quatre heures du soir, au moyen de barricades, et malgré les obus de l'ennemi, le Pont-aux-Moines.

Du 5 au 26 décembre, il n'y eut aucun fait saillant pour la 1re compagnie, si ce n'est que les deux sous-lieutenants Stizinski et Devars-Dumaine, sous divers prétextes, la quittèrent. Ils n'y furent pas remplacés.

Ce fut à la fin de décembre que le mouvement du général Bourbaki dans l'Est fut décidé. Le bataillon des francs-tireurs, du 20e corps, dont faisaient partie les deux compagnies de la Légion Alsacienne et Lorraine de la Gironde, arriva le 9 janvier devant Villersexel, allant au secours du 18e corps, aux prises depuis le matin avec l'ennemi.

. Nos deux compagnies prirent une part active au combat, et près de Villargent, à Villers-la-Ville, la 1re compagnie attaqua et mit en fuite trois pièces de canon que les Prussiens venaient de placer en batterie pour empêcher le 20e corps d'avancer.

Elle conserva cette position, fit le soir même une forte reconnaissance sur Villersexel, et campa sur le champ de bataille. La 2e compagnie était de grand'garde sur la lisière du bois.

C'est à l'occasion de cette affaire de Villargent, où la 1re division du 20e corps s'était particulièrement distinguée, que le général de Polignac a fait son ordre du jour du 12 janvier, précédemment cité, et où il disait :

« Toujours des premiers à l'action, les francs-
» tireurs ont noblement soutenu leur réputation,
» déjà vieille, etc., etc. »

Dans la nuit du 15 au 16 janvier, notre 1re compagnie occupait un poste avancé, près de Héricourt. Elle fut attaquée à deux heures du matin et repoussa l'ennemi.

Enfin, ce même jour, 16 janvier, cette 1re compagnie déjà réduite par des morts, des blessés et de nombreux malades, épuisée par les privations de toutes sortes, climatériques et autres, qui ont tant éprouvé nos pauvres soldats et ont été la grande cause de nos désastres, se trouvait au combat d'avant-postes de Saint-Valbert, près Héricourt ; elle y fut décimée.

Elle perdit successivement :

Molitor, *lieutenant.*

Simon, *sergent-major,* mort le lendemain à la suite de ses blessures.

Quilichini, *sergent.*

Laporte, Roman, Blanchard, *soldats.*

Furent blessés :

Ambroise, Marchand, Clabeau, Massié, *soldats.*

Cette compagnie, si brillante au départ, et forte de cent quarante-six hommes, se trouva alors réduite à son capitaine, un caporal-fourrier et trente et un soldats.

Le capitaine Francké, épuisé de fatigues et brisé d'émotions, sollicita et obtint du général de Polignac un congé de huit jours, qu'il nous a représenté, et le 19 janvier il se dirigea de Champey sur Besançon, pour y réparer ses forces.

Mais auparavant, et le 18 janvier, il avait adressé une lettre au colonel Keller pour l'en prévenir et lui demander de placer, pendant son absence, les trente-deux hommes restant de la 1re compagnie, sous les ordres provisoires du sous-lieutenant Lapeyre, qui commandait alors la 2e compagnie.

Le capitaine Francké voulut bientôt et avant les huit jours expirés réjoindre ses hommes, mais les évènements avaient marché à pas de géant ; le 20e corps était en pleine retraite, les troupes étaient dispersées et malgré tous ses efforts, ce ne fut qu'à Bordeaux, où ils étaient rentrés par les ordres du colonel Keller, qu'il les retrouva.

Nous avons laissé la 2e compagnie de la Légion Alsacienne et Lorraine de la Gironde partant de Bordeaux, le 12 novembre, et se dirigeant sur Chagny.

Elle fut mise sous le même commandement que la 1re compagnie, et comme elle, assista à divers engagements.

A la bataille de Baume-la-Rollande, son capitaine, M. Darlas, fut légèrement blessé à la main. Il crut devoir revenir à Bordeaux. Il partit bientôt pour Bayonne où il est demeuré. Le soldat Mougno y fut également blessé. Après le combat de Baume-la-Rollande et avec le capitaine Darlas, le sous-lieutenant Travera crut devoir se retirer. Il ne resta donc plus à la 2ᵉ compagnie que deux officiers, le lieutenant Vautrin et le sous-lieutenant Lapeyre. Le 9 janvier, au combat de Villers-la-Ville près Villersexel, la 2ᵉ compagnie eut un tué, Peltier, et quatre blessés, Long, Lizal, Monségur et Braquessac.

Au combat de Saint-Valbert, près Héricourt, 16 janvier, où la 1ʳᵉ compagnie fut si maltraitée, la 2ᵉ compagnie paya également un large tribut. Le lieutenant Vautrin, qui la commandait depuis que le capitaine Darlas s'était retiré, fut tué d'une balle à la tête ; furent également tués, les sergents Kranneser et Sarrasin, et le soldat Mouline.

Le caporal Serret fut blessé, ainsi que les soldats Roch, Klein, Taillandier, Maitret, Arrecot, Benoit, Duchamp, Marcon, Soulé, Barreau.

Sont disparus :

Desauges, caporal, et les soldats Sarraméjean, Dijoie, Batailley.

Le blessé Duchamp, qui s'était déjà distingué au combat du 9 janvier, à Villers-la-Ville, a reçu comme récompense de sa belle conduite la médaille militaire.

L'heure de la retraite sonna bientôt. Nos francs-tireurs suivirent le 20ᵉ corps, auquel ils étaient depuis longtemps attachés ; ils réussirent néanmoins à ne pas entrer en Suisse.

M. Lapeyre, resté le seul officier de la 2ᵉ compagnie, et se trouvant, par suite des circonstances sus-mentionnées, commander ce qui restait de la

Légion, obtint du colonel Keller l'autorisation de revenir se reformer à Bordeaux, où il arriva en effet, le 6 février, avec un effectif de 80 hommes, soit : 32 de la 1re compagnie,

    48 de la 2e compagnie.

    80

Ils étaient partis 306 !

Honneur à ceux qui se sont conduits en braves !

Honneur à la mémoire de ceux qui sont morts au champ d'honneur ; ils ont certainement reçu la récompense que Dieu réserve à de semblables dévouements !

Le 8 février, le Général commandant la subdivision de Bordeaux a licencié ce qui restait de nos deux compagnies.

Le capitaine Francké, de la 1re compagnie, a été le père de ses soldats ; tous s'accordent à le dire. Il faut louer également son courage et son abnégation au feu où il s'est conduit en brave.

S'il a quitté sa compagnie le 19 janvier après les désastres de Saint-Valbert, Héricourt, c'était par suite de ses fatigues. Il était malade ; cela a été constaté par le certificat du docteur Gasses, au vu duquel son général lui a accordé un congé de huit jours. Il comptait reprendre la lutte ensuite.

Le sous-lieutenant Lapeyre est resté le seul officier de la 2e compagnie ; sa bravoure et sa belle conduite ont été constatées par son chef, le colonel Keller, qui l'avait proposé pour le grade de capi-

taine. Le colonel Keller a également proposé le sergent Chabon pour le grade de lieutenant. M. Lapeyre a remené à Bordeaux les glorieux restes de la Légion.

Que ces Messieurs reçoivent ici le témoignage public de notre satisfaction.

Le Comité ne croirait-il pas à propos de faire des démarches auprès des autorités militaires supérieures, pour que ces deux chefs reçoivent la récompense due à leur mérite ?

Nous ne pouvons clore ce rapport sommaire sans regretter profondément que la Légion Alsacienne et Lorraine de la Gironde ait été absolument détournée de sa mission spéciale.

Les évènements se sont succédé, des empêchements sont survenus, et nos hommes n'ont plus été que de simples soldats mis en ligne comme les autres.

Nous persistons à croire que s'ils eussent pu mettre à exécution leur instruction pratique et suivre le programme qui leur avait été tracé, programme qui avait été, il faut le dire, le but de leur création, ils eussent pu rendre d'éminents services.

Mais dans cette désastreuse campagne, la fatalité nous a poursuivis en toutes choses.

En terminant, il est utile de parler finance et de dire que tous décomptes faits, suivant détails qui nous en sont fournis par notre trésorier et qui accompagnent le présent rapport, il a été dépensé une somme totale de F. 68,618 19 c.

Nos recettes s'élevaient à....... ....F. 81,776 60

Les dépenses sont ainsi réparties :

1re COMPAGNIE.

Frais généraux. F.   769 55
Paye.................. 15,647 17
Équipement......... 20,481 88
                        ———————— 36,897 60

2me COMPAGNIE.

Frais généraux.F.   714 25
Paye.................. 14,194 62
Équipement........ 18,298 97
                        ———————— 30,207 84

Secours...................... 1,512 75
                        ———————— 68,618 19

Solde en caisse...........F. 13,158 41
dont vous avez à désigner l'emploi.

Nous avons obtenu en outre des objets en nature qui ont été distribués à nos soldats et un tableau dû au pinceau habile de notre honorable collègue M. Pradel.

Les circonstances n'ont pas permis d'en réaliser la valeur, nous nous proposons de saisir la première occasion pour la réunir aux fonds de réserve.

MESSIEURS,

Notre mission se trouvera ainsi à peu près terminée, du moins en ce qui concerne la Légion Alsacienne et Lorraine de la Gironde.

Mais la deuxième partie de notre programme subsiste encore.

Malheureusement, nos prévisions de septembre dernier sont bien dépassées ; les infortunes sont énormes et nous avons encore là une grande mission à remplir.

Nous croyons même que nous ne devons pas nous borner à ces deux provinces. La Franche-Comté, la Champagne, la Normandie, l'Orléanais, le Maine, la Tourraine ont été également atteintes ; elles réclament au même titre nos sympathies et nos soins. Complètons notre œuvre; constituons-nous en Comité permanent de secours, et joignant nos efforts à ceux si généreusement employés par les sociétés de secours aux blessés et de secours aux prisonniers Français, aidons de tout notre pouvoir à soulager de si grandes infortunes.

De tous les côtés nous entendons des cris de souffrance et de douleur ; nous ne pouvons y rester sourds, et nous devons d'autant plus chercher à les apaiser, que nous avons eu le bonheur d'être épargnés.

Soyons un Comité d'action, ardent à la charité et ayons dorénavant pour titre :

Comité général des secours pour les victimes de la guerre.

Après délibération :

Le Comité approuve le compte-rendu général et le détail du compte des finances qui viennent de lui être présentés.

Il en vote l'impression.

Le Comité vote une somme de 11,000 francs pour secours aux familles des morts et pour les blessés de la Légion Alsacienne et Lorraine de la Gironde. Il charge le sous-comité d'en faire la répartition.

Il est fait une demande au nom de Madame la Comtesse de Drée de Neuchâtel, pour venir au secours des habitants de Belfort qui se trouvent dans une détresse affreuse par suite du siége soutenu par cette ville héroïque, restée Française, et néanmoins actuellement occupée par l'ennemi.

Le Comité vote un secours de 1,000 francs; il charge son Trésorier de les envoyer à cette charitable dame, afin qu'elle en fasse la distribution; il lui témoignera le regret que l'état actuel de ses finances ne lui permette de faire davantage.

Le Comité décide, qu'un appel sera fait au Comité de secours aux blessés dans le même sens, et qu'il lui sera communiqué un extrait de la correspondance si émouvante de madame de Drée.

Le Comité décide qu'il sera donné communication au Ministre de la guerre des travaux accomplis par la Légion Alsacienne et Lorraine de la Gironde et qu'il sera sollicité des récompenses.

Le Comité, sans être hostile à la pensée d'une

fusion dans un grand Comité de secours, désire cependant conserver son autonomie en continuant à s'occuper exclusivement des deux provinces les premières envahies et aujourd'hui annexées.

Il doit centraliser ses secours et sa protection aux malheureux habitants de l'Alsace et de la Lorraine et venir à leur aide par tous les moyens possible.

A cet effet, il décide : Qu'il cherchera a procurer des emplois aux Alsaciens et Lorrains qui voudront travailler dans le département de la Gironde.

Il nomme une Commission pour s'en occuper spécialement.

Elle est composée de :

M. Surell, son Président.

MM. Wolff, de Lacolonge, Kirsch, ses Vice-Présidents.

M. Henri Balaresque, son Secrétaire.

Le Fils de J.-J. Piganeau, son Trésorier.

MM. Jorant, Varlet, Théodore Schoengrün, Francké, Caron, Membres du Comité.

Un article sera mis dans les journaux, afin de faire connaitre et de développer cette décision.

Séance du 16 avril 1871.

Le Comité Alsacien et Lorrain de la Gironde, revenant sur l'importante question d'un grand Comité de secours pour tous les pays victimes de la guerre, décide :

Que par suite de diverses et nouvelles considérations, il doit prendre l'initiative d'une semblable proposition ;

Qu'il doit émettre le vœu que le titre du nouveau Comité, tout en devenant plus général, comprenne néanmoins, la dénomination d'*Alsace et de Lorraine.*

Il nomme une députation de trois de ses Membres, qu'il charge d'en entrenir Son Eminence le Cardinal Donnet, archevêque de Bordeaux.

COMPTE-RENDU.

Présenté par M. Henri BALARESQUE, au nom du COMITÉ DE LA LÉGION ALSACIENNE ET LORRAINE DE LA GIRONDE, dans la séance d'ouverture du grand Comité de secours pour l'Alsace, la Lorraine et les départements envahis, le 13 avril 1871, dans les salons et sous LA PRÉSIDENCE DE SON ÉMINENCE LE CARDINAL **DONNET**, ARCHEVÊQUE DE BORDEAUX.

MESSIEURS,

Dans ses séances des 31 Mars dernier et 6 Avril courant, le Comité de la Légion Alsacienne et Lorraine de la Gironde, dont j'ai l'honneur d'être le Secrétaire, a pris l'initiative de la réunion du Comité actuel.

Il s'est empressé de communiquer sa pensée, à SON ÉMINENCE Mgr LE CARDINAL DONNET, qui a bien voulu en encourager le développement en acceptant LA PRÉSIDENCE du nouveau Comité.

Ici se placent quelques applications nécessaires.

Le Comité Alsacien et Lorrain de la Gironde s'est constitué à Bordeaux en Septembre dernier.

Il s'est alors imposé une double mission :

1° De former un corps de volontaires pour coopérer à la défense de la patrie.

2° De secourir les Alsaciens et les Lorrains ruinés par la guerre.

La première a été remplie avec honneur; les pertes sensibles qui ont décimé la Légion le constatent.

La seconde subsiste encore.

Elle a acquis une grande importance, par suite des graves et si malheureux événements qui nous ont frappés.

Le Comité avait donc unanimement décidé qu'il redoublerait d'efforts pour apporter un soulagement aussi efficace que possible à de si grandes infortunes !

Mais, pour soulager la misère il faut de l'argent et celui que nous avions recueilli était à peu près épuisé.

La mise en campagne des deux Compagnies de la Légion Alsacienne et Lorraine de la Gironde, avait coûté. . . . . F. 67,105.44

Les secours accordés aux familles des morts et, aux blessés, ainsi qu'aux nécessiteux de l'Alsace et de la Lorraine, s'élèvent à. 13,512.75

Soit un total de. . F. 80,618.19

Nos recettes ne sont que de F. 81,776.60

Donc, il nous fallait forcément, pour continuer notre œuvre, recourir de nouveau à la générosité de nos concitoyens.

Dans une telle occurence nous avons pensé, que les malheureuses contrées que nous cherchions à soulager n'étaient pas seules atteintes.

Que les pays envahis, également victimes de la guerre, méritaient la même sympathie, et que cette sympathie se produirait plus favorablement en considération de l'ensemble des maux à soulager.

C'est ce qui a déterminé le Comité de l'Alsace et de la Lorraine à proposer la formation d'un Comité plus vaste et plus général, dont il deviendrait l'un des éléments.

Il doit néanmoins vous soumettre quelques réserves que vous apprécierez certainement.

Le Comité de la Légion Alsacienne et Lorraine de la Gironde, aux termes de ses statuts constitutifs, est déjà depuis SEPTEMBRE 1870 UN COMITÉ DE SECOURS pour les victimes de la guerre en Alsace et en Lorraine.

Il désirerait conserver son autonomie en continuant à s'occuper des deux provinces les premières envahies, aujourd'hui annexées.

Il le désire d'autant plus, que beaucoup de ses Membres étant Alsaciens et Lorrains, il est heureux de leur donner ce témoignage de profonde sympathie.

Il formerait ainsi, tel qu'il est constitué, une des divisions du grand Comité de secours,

Il espère que vous y accéderez d'autant plus volontiers, que cette division pourrait rentrer dans un plan d'ensemble.

Dans l'une de ses précédentes séances, le Comité de la Légion Alsacienne et Lorraine de la Gironde avait pensé, qu'indépendamment des secours à distribuer en espèces, il fallait procurer du travail à ceux qui en désireraient; ce qui est le mode de soulagement le meilleur et le plus honorable.

Beaucoup d'Alsaciens et de Lorrains ne voudron

pas retourner dans leur pays annexé. Beaucoup le quitteront voulant rester Français.

Il leur fallait un trait-d'union avec l'agriculteur, l'industriel et le commerçant.

Le Comité Alsacien et Lorrain avait décidé qu'il serait ce trait-d'union.

C'est à lui que devraient s'adresser les demandes d'emploi, c'est à ui que s'adresseraient les personnes voulant employer des Alsaciens ou des Lorrains.

Un registre devait être ouvert pour les emplois de tous les genres, des renseignements scrupuleusement pris devaient y être enregistrés, et ce registre ainsi tenu, communiqué à ceux qui voudraient employer des Alsaciens et Lorrains.

A cet effet, le Comité avait nommé une Commission.

Il devait être donné de la publicité à sa décision; mais cela n'a pas été fait, par suite du projet actuel.

Le Comité Alsacien et Lorrain espère que vous apprécierez les puissants motifs qui l'avaient fait agir et que vous confirmerez ce qu'il avait préparé, afin qu'il y soit donné suite sans retard.

Sous la réserve des observations plus haut présentées, j'ai l'honneur, Messieurs, de vous demander, au nom DE SON EMINENCE, de déclarer constitué LE COMITÉ GIRONDIN DE SECOURS POUR L'ALSACE, LA LORRAINE ET LES DÉPARTEMENTS ENVAHIS.

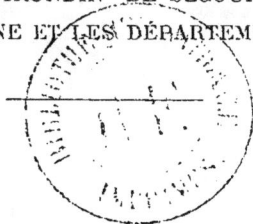

3

www.ingramcontent.com/pod-product-compliance
Lightning Source LLC
Chambersburg PA
CBHW060803280326
41934CB00010B/2540